ORAISON FUNÈBRE

DE TURENNE,

Par FLÉCHIER.

PARIS.

IMPRIMERIE ET LIBRAIRIE CLASSIQUES

De JULES DELALAIN

IMPRIMEUR DE L'UNIVERSITÉ

RUES DE SORBONNE ET DES MATHURINS.

M DCCC LI

NOTICE BIOGRAPHIQUE

SUR FLÉCHIER.

Fléchier (Esprit), né le 10 juin 1632 à Pernes, petite ville du diocèse de Carpentras, fut élevé dans les lettres et la vertu auprès d'Hercule Audiffret, son oncle, général des frères de la Doctrine chrétienne. Fléchier, ayant quitté cette congrégation après la mort de son oncle, vint à Paris, où il fut d'abord précepteur des fils de Louis Caumartin, intendant des finances et conseiller d'État, dont la maison était fréquentée par les personnes les plus distinguées de la ville et de la cour. Il y connut le duc de Montausier, qui lui procura la place de lecteur du Dauphin. Il se fit bientôt un nom célèbre comme bel esprit et comme prédicateur. Il eut part aux bienfaits que Louis XIV répandit sur les gens de lettres. Encouragé par ces récompenses, il fit de nouveaux efforts, et balança bientôt la réputation de Bossuet dans l'oraison funèbre. Celle de Turenne, son chef-d'œuvre, fit pleurer le monarque et mit le comble à la gloire de l'orateur. On admira surtout le beau parallèle du maréchal de France avec Judas Machabée. Il est vrai qu'il n'était pas le premier qui eût transporté aux généraux modernes les éloges donnés à cet ancien capitaine. Lingendes, évêque de Mâcon, et Fromentières, évêque d'Aire, s'en étaient déjà servis, l'un dans l'oraison funèbre de Charles-Emmanuel, duc de Savoie, l'autre dans celle du duc de Beaufort. Mais Fléchier se rendit propre ce lieu commun par les ornements dont il l'embellit dans son exorde, qui est un chef-d'œuvre par l'harmonie et le caractère majestueux et sombre qui y règnent. La cour récompensa ses talents, en 1685, par l'évêché de Lavaur, et en 1687 par celui de Nîmes. Louis XIV lui dit en le nommant au premier évêché : « Ne soyez pas surpris si j'ai récompensé si tard votre mérite ; j'appréhendais d'être privé du plaisir de vous entendre. » Le diocèse de Nîmes était rempli d'hérétiques ; il se conduisit avec eux en bon pasteur. Il les instruisit tous par la solidité de ses discours, et plus encore par la régularité de ses mœurs. Il mourut à Montpellier, le 16 février 1710, regretté de ses diocésains catholiques et huguenots, et laissant plus de 20,000 écus aux pauvres, pour lesquels il avait déjà dépensé des sommes immenses dans la disette qui suivit l'hiver de 1709. L'Académie française s'était associé Fléchier, après la mort de Godeau. C'est sur le modèle de cette compagnie qu'il forma celle de Nîmes, dont il fut le mentor et le père.

ORAISON FUNÈBRE

DE TRÈS-HAUT ET TRÈS-PUISSANT PRINCE

HENRI DE LA TOUR-D'AUVERGNE,

VICOMTE DE TURENNE,

Maréchal général des camps et armées du roi,
colonel général de la cavalerie légère, gouverneur
du haut et bas Limousin.

Prononcée à Paris, dans l'église Saint-Eustache, le 10 janvier 1676.

> Fleverunt eum omnis populus Israel planctu magno
> et lugebant dies multos, et dixerunt : Quomodo
> cecidit potens, qui salvum faciebat populum Israel.
>
> *Tout le peuple pleura amèrement ; et, après avoir
> pleuré durant plusieurs jours, ils s'écrièrent :
> Comment est mort cet homme puissant qui sau-
> vait le peuple d'Israël !* (Mach., I, 9.)

Je ne puis, messieurs, vous donner d'abord une
plus haute idée du triste sujet dont je viens vous
entretenir, qu'en recueillant ces termes nobles et
expressifs dont l'Ecriture sainte se sert pour louer la
vie et pour déplorer la mort du sage et vaillant
Machabée[1] : cet homme, qui portait la gloire de sa
nation jusqu'aux extrémités de la terre ; qui couvrait
son camp du bouclier, et forçait celui des ennemis avec
l'épée ; qui donnait à des rois ligués contre lui des
déplaisirs mortels, et réjouissait Jacob par ses vertus
et par ses exploits, dont la mémoire doit être éternelle.

Cet homme qui défendait les villes de Juda, qui

---

1. *Mach.* c. 3, 4, etc.

domptait l'orgueil des enfants d'Ammon et d'Esaü, qui revenait chargé des dépouilles de Samarie, après avoir brûlé sur leurs propres autels les dieux des nations étrangères ; cet homme que Dieu avait mis autour d'Israël, comme un mur d'airain où se brisèrent tant de fois toutes les forces de l'Asie, et qui, après avoir défait de nombreuses armées, déconcerté les plus fiers et les plus habiles généraux des rois de Syrie, venait tous les ans, comme le moindre des Israélites, réparer avec ses mains triomphantes les ruines du sanctuaire, et ne voulait d'autre récompense des services qu'il rendait à sa patrie, que l'honneur de l'avoir servie : ce vaillant homme poussant enfin, avec un courage invincible, les ennemis qu'il avait réduits à une fuite honteuse, reçut le coup mortel, et demeura comme enseveli dans son triomphe. Au premier bruit de ce funeste accident, toutes les villes de Judée furent émues, des ruisseaux de larmes coulèrent des yeux de tous leurs habitants. Ils furent quelque temps saisis, muets, immobiles. Un effort de douleur rompant enfin ce long et morne silence, d'une voix entrecoupée de sanglots que formaient dans leurs cœurs la tristesse, la pitié, la crainte, ils s'écrièrent : « Comment est mort cet homme puissant qui sauvait le peuple d'Israël ! » A ces cris, Jérusalem redoubla ses pleurs ; les voûtes du temple s'ébranlèrent ; le Jourdain se troubla, et tous ses rivages retentirent du son de ces lugubres paroles : « Comment est mort cet homme puissant qui sauvait le peuple d'Israël ! »

Chrétiens, qu'une triste cérémonie assemble en ce lieu, ne rappelez-vous pas en votre mémoire ce que vous avez vu, ce que vous avez senti, il y a cinq mois ? Ne vous reconnaissez-vous pas dans l'affliction que j'ai décrite ? et ne mettez-vous pas dans votre esprit, à la place du héros dont parle l'Ecriture, celui dont je viens vous parler ? La vertu et le malheur de l'un et de l'autre sont semblables ; et il ne manque aujourd'hui à ce dernier qu'un éloge digne de lui. Oh ! si l'esprit divin, l'esprit de force et de vérité, avait enrichi mon discours de ces images vives et naturelles qui représentent la vertu, et qui la persuadent tout ensemble, de combien de nobles idées remplirais-je vos esprits, et quelle impression ferait sur vos cœurs le récit de tant d'actions édifiantes et glorieuses !

Quelle matière fut jamais plus disposée à recevoir tous les ornements d'une grave et solide éloquence, que la vie et la mort de très-haut et très-puissant prince Henri de la Tour-d'Auvergne, vicomte de Turenne, maréchal général des camps et armées du roi et colonel général de la cavalerie légère ? Où brillent avec plus d'éclat les effets glorieux de la vertu militaire, conduites d'armées, siéges de places, prises de villes, passages de rivières, attaques hardies, retraites honorables, campements bien ordonnés, combats soutenus, batailles gagnées, ennemis vaincus par la force, dissipés par l'adresse, lassés et consumés par une sage et noble patience ? Où peut-on trouver tant et de si puissants exemples, que dans les actions d'un homme sage, modeste, libéral, désintéressé, dévoué au service du prince et de la patrie; grand dans l'adversité par son courage, dans la prospérité par sa modestie, dans les difficultés par sa prudence, dans les périls par sa valeur, dans la religion par sa piété ?

Quel sujet peut inspirer des sentiments plus justes et plus touchants, qu'une mort soudaine et surprenante qui a suspendu le cours de nos victoires et rompu les plus douces espérances de la paix? Puissances ennemies de la France, vous vivez, et l'esprit de la charité chrétienne m'interdit de faire aucun souhait pour votre mort. Puissiez-vous seulement reconnaître la justice de nos armes, recevoir la paix que, malgré vos pertes, vous avez tant de fois refusée, et, dans l'abondance de vos larmes, éteindre les feux d'une guerre que vous avez malheureusement allumée! A Dieu ne plaise que je porte mes souhaits plus loin! les jugements de Dieu sont impénétrables. Mais vous vivez, et je plains en cette chaire un sage et vertueux capitaine, dont les intentions étaient pures, et dont la vertu semblait mériter une vie plus longue et plus étendue.

Retenons nos plaintes, messieurs, il est temps de commencer son éloge, et de vous faire voir comment cet homme puissant triomphe des ennemis de l'Etat par sa valeur, des passions de l'âme par sa sagesse, des erreurs et des vanités du siècle par sa piété. Si j'interromps cet ordre de mon discours, pardonnez un peu de confusion dans un sujet qui nous a causé tant de troubles. Je confondrai quelquefois peut-être le général d'armée, le sage, le chrétien. Je louerai tantôt les victoires, tantôt les vertus qui les ont obtenues. Si je ne puis raconter tant d'actions, je les découvrirai dans leurs principes; j'adorerai le Dieu des armées; j'invoquerai le Dieu de la paix, je bénirai le Dieu des miséricordes, et j'attirerai partout votre attention, non par la force de l'éloquence, mais par la vérité et par la grandeur des vertus dont je suis engagé de vous parler.

PREMIÈRE PARTIE.

N'attendez pas, messieurs, que je suive la coutume des orateurs, et que je loue M. de Turenne comme on loue les hommes ordinaires. Si sa vie avait moins d'éclat, je m'arrêterais sur la grandeur et la noblesse de sa maison; et si son portrait était moins beau, je produirais ici ceux de ses ancêtres. Mais la gloire de ses actions efface celle de sa naissance, et la moindre louange qu'on peut lui donner, c'est d'être sorti de l'ancienne et illustre maison de la Tour-d'Auvergne, qui a mêlé son sang à celui des rois et des empereurs, qui a donné des maîtres à l'Aquitaine, des princesses à toutes les cours de l'Europe, et des reines même à la France.

Mais que dis-je? il ne faut pas l'en louer ici, il faut l'en plaindre. Quelque glorieuse que fût la source dont il sortait, l'hérésie des derniers temps l'avait infectée. Il recevait avec ce beau sang des principes d'erreur et de mensonge; et parmi ses exemples domestiques, il trouvait celui d'ignorer et de combattre la vérité. Ne faisons donc pas la matière de son éloge de ce qui fut

pour lui un sujet de pénitence; et voyons les voies
d'honneur et de gloire que la providence de Dieu lui
ouvrit dans le monde, avant que sa miséricorde le
retirât des voies de la perdition et de l'égarement de
ses pères.

Avant sa quatorzième année, il commença à porter
les armes. Des siéges et des combats servirent d'exer-
cice à son enfance, et ses premiers divertissements
furent des victoires. Sous la discipline du prince
d'Orange, son oncle maternel, il apprit l'art de la
guerre en qualité de simple soldat, et ni l'orgueil ni
la paresse ne l'éloignèrent d'aucun des emplois où la
peine et l'obéissance sont attachées. On le vit en ce
dernier rang de la milice ne refuser aucune fatigue
et ne craindre aucun péril; faire par honneur ce que
les autres faisaient par nécessité, et ne se distinguer
d'eux que par un plus grand attachement au travail
et par une plus noble application à tous ses devoirs.

Ainsi commençait une vie dont les suites devaient
être si glorieuses, semblable à ces fleuves qui s'éten-
dent à mesure qu'ils s'éloignent de leur source, et qui
portent enfin partout où ils coulent la commodité et
l'abondance. Depuis ce temps, il a vécu pour la gloire
et pour le salut de l'Etat. Il a rendu tous les services
qu'on peut attendre d'un esprit ferme et agissant quand
il se trouve dans un corps robuste et bien constitué.
Il a eu dans la jeunesse toute la prudence d'un âge
avancé, et dans un âge avancé toute la vigueur de la
jeunesse. Ses jours ont été pleins[1], selon les termes de
l'Ecriture; et comme il ne perdit pas ses jeunes années
dans la mollesse et dans la volupté, il n'a pas été
contraint de passer les dernières dans l'oisiveté et dans
la faiblesse.

Quel peuple ennemi de la France n'a pas ressenti les
effets de sa valeur, et quel endroit de nos frontières n'a
pas servi de théâtre à sa gloire? Il passe les Alpes; et
dans les fameuses actions de Casal, de Turin, de la
route de Quiers, il se signale par son courage et par sa

____

1. *Ps.* 73.

prudence ; et l'Italie le regarde comme un des princi-
paux instruments de ces grands et prodigieux succès
qu'on aura peine à croire un jour dans l'histoire. Il
passe des Alpes aux Pyrénées, pour assister à la conquête de deux importantes places [1], qui mettent une de
nos plus belles provinces à couvert de tous les efforts
de l'Espagne. Il va recueillir au delà du Rhin les débris
d'une armée défaite ; il prend des villes [2], et contribue
au gain des batailles. Il s'élève ainsi par degrés, et par
son seul mérite, au suprême commandement, et fait
voir dans tout le cours de sa vie ce que peut pour la
défense d'un royaume un général d'armée qui s'est
rendu digne de commander en obéissant, et qui a
joint à la valeur et au génie l'application et l'expérience.

Ce fut alors que son esprit et son cœur agirent dans
toute leur étendue. Soit qu'il fallût préparer les affaires
ou les décider, chercher la victoire avec ardeur ou
l'attendre avec patience ; soit qu'il fallût prévenir les
desseins des ennemis par la hardiesse, ou dissiper les
craintes et les jalousies des alliés par la prudence ; soit
qu'il fallût se modérer dans les prospérités ou se soutenir dans les malheurs de la guerre, son âme fut
toujours égale. Il ne fit que changer de vertus quand la
fortune changea de face ; heureux sans orgueil, malheureux avec dignité, et presque aussi admirable
lorsqu'avec jugement et avec fierté il sauvait les restes
des troupes battues à Marienthal, que lorsqu'il battait
lui-même les Impériaux et les Bavarois, et qu'avec des
troupes triomphantes [3] il forçait toute l'Allemagne à
demander la paix à la France.

On eût dit qu'un heureux traité allait terminer toutes
les guerres de l'Europe, lorsque Dieu, dont les jugements [4], selon le prophète, sont des abîmes, voulut

1. Perpignan et Collioure.
2. Trèves, Aschaffembourg, etc. Combat de Fribourg,
bataille de Nordlingue.
3. La paix de Munster.
4. *Ps.* 35.

affliger et punir la France par elle-même, et l'abandonna à tous les déréglements que causent dans un Etat les dissensions civiles et domestiques. Souvenez-vous, messieurs, de ce temps de désordre et de trouble, où l'esprit ténébreux, l'esprit de discorde, confondait le devoir avec la passion, le droit avec l'intérêt, la bonne cause avec la mauvaise; où les astres les plus brillants souffrirent presque tous quelque éclipse, et les plus fidèles sujets se virent entraînés, malgré eux, par le torrent des partis, comme ces pilotes qui, se trouvant surpris de l'orage en pleine mer, sont contraints de quitter la route qu'ils veulent tenir, et de s'abandonner pour un temps au gré des vents et de la tempête. Telle est la justice de Dieu; telle est l'infirmité naturelle des hommes. Mais le sage revient aisément à soi, et il y a dans la politique, comme dans la religion, une espèce de pénitence plus glorieuse que l'innocence même, qui répare avantageusement un peu de fragilité par des vertus extraordinaires et par une ferveur continuelle.

Mais où m'arrêté-je, messieurs! Votre esprit vous représente déjà sans doute M. de Turenne à la tête des armées du roi. Vous le voyez combattre et dissiper la rébellion, ramener ceux que le mensonge avait séduits, rassurer ceux que la crainte avait ébranlés, et crier, comme un autre Moïse, à toutes les portes d'Israël : « Que ceux qui sont au Seigneur se joignent à moi [1]. » Quelles furent alors sa fermeté et sa sagesse! Tantôt sur les rives de la Loire, suivi d'un petit nombre d'officiers et de domestiques, il court à la défense d'un pont [2], et tient ferme contre une armée; et soit la hardiesse de l'entreprise, soit la seule présence de ce grand homme, soit la protection visible du ciel, qui rendait les ennemis immobiles, il étonna par sa résolution ceux qu'il ne pouvait arrêter par la force, et releva par cette prudente et heureuse témérité l'Etat

1. *Exod.* 32.
2. Pont de Jargeau.

penchant vers sa ruine[1]. Tantôt se servant de tous les avantages des temps et des lieux, il arrête avec peu de troupes une armée qui venait de vaincre, et mérite les louanges même d'un ennemi qui, dans les siècles idolâtres, aurait passé pour le dieu des batailles[2]. Tantôt vers les bords de la Seine, il oblige par un traité un prince étranger, dont il avait pénétré les plus secrètes intentions, de sortir de France, et d'abandonner les espérances qu'il avait conçues de profiter de nos désordres.

Je pourrais ajouter ici des places prises, des combats gagnés sur les rebelles. Mais dérobons quelque chose à la gloire de notre héros, plutôt que de voir plus long-temps l'image funeste de nos misères passées. Parlons d'autres exploits qui aient été aussi avantageux pour la France que pour lui-même, et dont nos ennemis n'aient pas eu sujet de se réjouir.

Je me contente de vous dire qu'il apaisa par sa conduite l'orage dont le royaume était agité. Si la licence fut réprimée, si les haines publiques et particulières furent assoupies, si les lois reprirent leur ancienne vigueur, si l'ordre et le repos furent rétablis dans les villes et dans les provinces, si les membres furent heureusement réunis avec leur chef, c'est à lui, France, que tu le dois. Je me trompe : c'est à Dieu, qui tire, quand il veut, des trésors de sa providence, ces grandes âmes qu'il a choisies comme des instruments visibles de sa puissance, pour faire naître du sein des tempêtes le calme et la tranquillité publique, pour relever les Etats de leur ruine, et réconcilier, quand sa justice est satisfaite, les peuples avec leurs souverains.

Son courage, qui n'agissait qu'avec peine dans les malheurs de sa patrie, sembla s'échauffer dans les guerres étrangères, et l'on vit redoubler sa valeur. N'entendez pas par ce mot, messieurs, une hardiesse vaine, indiscrète, emportée, qui cherche le danger

1. A Bléneau.
2. A Villeneuve-Saint-Georges.

pour le danger même, qui s'expose sans fruit, et qui n'a pour but que la réputation et les vains applaudissements des hommes. Je parle d'une hardiesse sage et réglée, qui s'anime à la vue des ennemis ; qui, dans le péril même, pourvoit à tout et prend tous ses avantages, mais qui se mesure avec ses forces ; qui entreprend les choses difficiles, et ne tente pas les impossibles ; qui n'abandonne rien au hasard de ce qui peut être conduit par la vertu ; capable enfin de tout oser quand le conseil est inutile, et prêt à mourir dans la victoire, ou à survivre à son malheur, en accomplissant ses devoirs.

J'avoue, messieurs, que je succombe ici sous le poids de mon sujet. Ce grand nombre d'actions dont je dois parler m'embarrasse : je ne puis les décrire toutes, et je voudrais n'en omettre aucune. Que n'ai-je le secret de graver dans vos esprits un plan invisible et raccourci de la Flandre et de l'Allemagne ! Je marquerais sans confusion dans vos pensées tout ce que fit ce grand capitaine, et vous dirais en abrégé, selon les lieux : Ici [1] il forçait des retranchements, et secourait une place assiégée ; là, il surprenait les ennemis, ou les battait en pleine campagne : ces villes [2], où vous voyez les lis arborés, ont été, ou défendues par sa vigilance, ou conquises par sa fermeté et par son courage : ce lieu couvert d'un bois et d'une rivière [3], c'est le poste où il rassurait ses troupes effrayées après une honorable retraite : ici [4] il sortait de ses lignes pour combattre, et d'un seul coup il prenait une ville et gagnait une bataille : là, distribuant ce qui lui restait de son propre argent, il achevait un siége, et il allait en faire lever un en même temps.

Je recueillerais ensuite tant de succès, et vous ferais souvenir de ces mauvaises nuits que le roi d'Espagne

1. Le secours d'Arras.
2. Condé, Landrecies, Ypres, Oudenarde, etc.
3. Retraite de Valenciennes.
4. Bataille des Dunes, et prise de Dunkerque. Saint-Venant pris, Ardres secourue.

avoua qu'il avait passées, et de cette paix[1] recherchée par des traités et des alliances, sans laquelle, Flandre, théâtre sanglant où se passent tant de scènes tragiques, triste et fatale contrée, trop étroite pour contenir tant d'armées qui te dévorent, tu aurais accru le nombre de nos provinces; et au lieu d'être la source malheureuse de nos guerres, tu serais aujourd'hui le fruit paisible de nos victoires.

Je pourrais, messieurs, vous montrer vers les bords du Rhin[2] autant de trophées que sur les bords de l'Escaut et de la Sambre : je pourrais vous décrire des combats gagnés, des rivières et des défilés passés à la vue des ennemis, des plaines teintes de leur sang; des montagnes presque inaccessibles traversées pour les aller repousser loin de nos frontières. Mais l'éloquence de la chaire n'est pas propre au récit des combats et des batailles : la langue d'un prêtre, destinée à louer Jésus-Christ, le sauveur des hommes, ne doit pas être employée à parler d'un art qui tend à leur destruction; et je ne viens pas pour vous donner des idées de meurtre et de carnage devant ces autels, où l'on n'offre plus le sang des taureaux en sacrifice au Dieu des armées, mais au Dieu de miséricorde et de paix une victime non sanglante.

Quoi donc! N'y a-t-il point de valeur et de générosité chrétienne[3]? L'Ecriture, qui commande de sanctifier les guerres, ne nous apprend-elle pas que la piété n'est pas incompatible avec les armes? Viens-je condamner une profession que la religion ne condamne pas, quand on en sait modérer la violence[4]? Non, messieurs : je sais que ce n'est pas en vain que les princes portent l'épée; que la force peut agir quand elle se trouve jointe avec l'équité; que le Dieu des armées préside à cette redoutable justice que les souverains se font à eux-mêmes; que le droit des armes

1. Paix des Pyrénées.
2. A Entxheim, Sinzheim, Mulhouse, etc.
3. Joel, c. 3.
4. *Epist. ad Rom.* c. 13.

est nécessaire pour la conservation de la société, et que les guerres sont permises pour assurer la paix, pour protéger l'innocence, pour arrêter la malice qui se déborde, et pour retenir la cupidité dans les bornes de la justice.

Je sais aussi que la modération et la charité doivent régler les guerres parmi les chrétiens; que les capitaines qui les conduisent sont les ministres de la providence de Dieu, qui est toujours sage, et de la puissance des rois, qui ne doit jamais être injuste; qu'ils doivent avoir le cœur doux et charitable, lors même que leurs mains sont sanglantes, et adorer intérieurement le créateur, lorsqu'ils se trouvent dans la triste nécessité de détruire ses créatures.

C'est ici que j'atteste la foi publique, messieurs, et que, parlant de la douceur et de la modération de M. de Turenne, je puis avoir pour témoins de ce que je dis tous ceux qui l'ont suivi dans les armées. S'est-il fait un plaisir de se servir du pouvoir qu'il a eu de nuire à ceux mêmes qu'on regarde et qu'on traite comme ennemis? Où a-t-il laissé des marques terribles de sa colère, ou de ses vengeances particulières? Laquelle de ses victoires a-t-il estimée par le nombre des misérables qu'il accablait ou des morts qu'il laissait sur le champ de bataille! Quelle vie a-t-il exposée pour son intérêt, ou pour sa propre réputation? Quel soldat n'a-t-il pas ménagé comme un sujet du prince et une portion de la république? Quelle goutte de sang a-t-il répandue qui n'ait servi à la cause commune?

On l'a vu, dans la fameuse bataille des Dunes, arracher les armes des mains des soldats étrangers, qu'une férocité naturelle acharnait sur les vaincus. On l'a vu gémir de ces maux nécessaires que la guerre entraîne après soi, que le temps force de dissimuler, de souffrir et de faire. Il savait qu'il y a un droit plus haut et plus sacré que celui que la fortune et l'orgueil imposent aux faibles et aux malheureux, et que ceux qui vivent sous la loi de Jésus-Christ doivent épargner, autant qu'ils peuvent, un sang consacré par le sien, et ménager des vies qu'il a rachetées par sa mort.

Il cherchait à se soumettre les ennemis, non pas à les perdre. Il eût voulu pouvoir attaquer sans nuire, se défendre sans offenser, et réduire au droit et à la justice ceux à qui il était obligé par devoir de faire violence.

Enfin, il s'était fait une espèce de morale militaire qui lui était propre. Il n'avait pour toute passion que l'affection pour la gloire du roi, le désir de la paix et le zèle du bien public. Il n'avait pour ennemis que l'orgueil, l'injustice et l'usurpation. Il s'était accoutumé à combattre sans colère, à vaincre sans ambition, à triompher sans vanité, et à ne suivre pour règle de ses actions que la vertu et la sagesse. C'est ce que je dois vous montrer dans cette seconde partie.

SECONDE PARTIE.

La valeur n'est qu'une force aveugle et impétueuse, qui se trouble et se précipite, si elle n'est éclairée et conduite par la probité et par la prudence ; et le capitaine n'est pas accompli, s'il ne renferme en soi l'homme de bien et l'homme sage. Quelle discipline peut établir dans un camp celui qui ne sait régler ni son esprit ni sa conduite ? Et comment saura calmer ou émouvoir, selon ses desseins, dans une armée, tant de passions différentes, celui qui ne sera pas maître des siennes [1] ? Aussi l'esprit de Dieu nous apprend, dans l'Ecriture, que l'homme prudent l'emporte sur le courageux [2], que la sagesse vaut mieux que les armes des gens de guerre, et que celui qui est patient et modéré est quelquefois plus aimable que celui qui prend des villes et qui gagne des batailles.

Ici vous formez sans doute, messieurs, dans votre esprit, des idées plus nobles que celles que je puis vous donner. En parlant de M. de Turenne, je reconnais que je ne puis vous élever au-dessus de vous-mêmes, et le seul avantage que j'ai, c'est que je ne

1. *Sap.* c. 6. *Eccl.* c. 9.
2. *Prov.* c. 16.

dirai rien que vous ne croyiez, et que, sans être flatteur,. je puis dire de grandes choses. Y eut-il jamais homme plus sage et plus prévoyant; qui conduisît une guerre avec plus d'ordre et de jugement; qui eût plus de précautions et plus de ressources ; qui fût plus agissant et plus retenu ; qui disposât mieux toutes choses à leur fin, et qui laissât mûrir ses entreprises avec tant de patience? Il prenait des mesures presque infaillibles; et pénétrant non-seulement ce que les ennemis avaient fait, mais encore ce qu'ils avaient dessein de faire, il pouvait être malheureux, mais il n'était jamais surpris. Il distinguait le temps d'attaquer et le temps de défendre. Il ne hasardait rien que lorsqu'il avait beaucoup à gagner, et qu'il n'avait presque rien à perdre. Lors même qu'il semblait céder, il ne laissait pas de se faire craindre. Telle enfin était son habileté, que lorsqu'il vainquait, on ne pouvait en attribuer l'honneur qu'à sa prudence; et lorsqu'il était vaincu, on ne pouvait en imputer la faute qu'à la fortune.

Souvenez-vous, messieurs, du commencement et des suites de la guerre, qui, n'étant d'abord qu'une étincelle, embrase aujourd'hui toute l'Europe. Tout se déclare contre la France. On soulève les étrangers, on débauche les alliés, on intimide les amis, on encourage les vaincus, on arme les envieux. Sur des craintes imaginaires et des défiances artificieusement inspirées, les intérêts sont confondus, la foi violée et les traités méprisés. Il fallait, je l'avoue, pour résister à tant d'armées jointes ensemble contre nous, des troupes aussi vaillantes et des capitaines aussi expérimentés que les nôtres. Mais rien n'était si formidable que de voir toute l'Allemagne, ce grand et vaste corps composé de tant de peuples et de nations différentes, déployer tous ses étendards, et marcher vers nos frontières, pour nous accabler par la force, après nous avoir effrayés par la multitude.

Il fallait opposer à tant d'ennemis un homme d'un courage ferme et assuré, d'une capacité étendue, d'une expérience consommée, qui soutînt la réputation et qui ménageât les forces du royaume; qui n'oubliât rien d'utile et de nécessaire, et ne fît rien de superflu ; qui sût, selon les occasions, profiter de ses avantages ou se relever de ses pertes ; qui fût tantôt le bouclier et tantôt l'épée de son pays ; capable d'exécuter les ordres qu'il aurait reçus, et de prendre conseil de lui-même dans les rencontres.

Vous savez de qui je parle, messieurs ; vous savez le détail de ce qu'il fit, sans que je le dise. Avec des troupes considérables seulement par leur courage et par la confiance qu'elles avaient en leur général, il arrête et consume deux grandes armées, et force à conclure la paix par des traités ceux qui croyaient venir terminer la guerre par notre entière et prompte défaite. Tantôt il s'oppose à la jonction de tant de secours ramassés, et rompt le cours de tous ces torrents qui auraient inondé la France. Tantôt il les défait ou les dissipe par des combats réitérés. Tantôt il les repousse au delà de leurs rivières, et les arrête toujours par des coups hardis, quand il faut rétablir la réputation ; par la modération, quand il ne faut que la conserver.

Villes que nos ennemis s'étaient déjà partagées, vous êtes encore dans l'enceinte de notre empire. Provinces qu'ils avaient déjà ravagées dans le désir et dans la pensée, vous avez encore recueilli vos moissons. Vous durez encore, places que l'art et la nature ont fortifiées, et qu'ils avaient dessein de démolir, et vous n'avez tremblé que sous des projets frivoles d'un vainqueur en idée, qui comptait le nombre de nos soldats et qui ne songeait pas à la sagesse de leur capitaine.

Cette sagesse était la source de tant de prospérités éclatantes. Elle entretenait cette union des soldats avec leur chef, qui rend une armée invincible ; elle répandait dans les troupes un esprit de force, de courage et de confiance, qui leur faisait tout souffrir, tout entreprendre dans l'exécution de ses desseins ; elle rendait enfin des hommes grossiers capables de gloire : car, messieurs, qu'est-ce qu'une armée ? c'est un corps animé d'une infinité de passions différentes, qu'un homme habile fait mouvoir pour la défense de la patrie ; c'est une troupe d'hommes armés qui suivent aveuglément les ordres d'un chef, dont ils ne savent pas les intentions ; c'est une multitude d'âmes, pour la plupart viles et mercenaires, qui, sans songer à leur propre réputation, travaillent à celle des rois et des conquérants ; c'est un assemblage confus de libertins qu'il faut assujettir à l'obéissance, de lâches qu'il faut mener au combat, de téméraires qu'il faut retenir, d'impatients qu'il faut accoutumer à la constance. Quelle prudence ne faut-il pas pour conduire et réunir au seul intérêt public tant de vues et de volontés différentes ? Comment se faire craindre, sans se mettre en danger d'être haï, et bien souvent abandonné ! Comment se faire aimer, sans perdre un peu de l'autorité, et relâcher de la discipline nécessaire !

Qui trouva jamais mieux tous ces justes tempéraments, que ce prince que nous pleurons ? Il attacha par des nœuds de respect et d'amitié ceux qu'on ne retient ordinairement que par la crainte des supplices, et se fit rendre par la modération une obéissance aisée et volontaire. Il parle, chacun écoute ses oracles ; il commande, chacun avec joie suit ses ordres ; il marche, chacun croit courir à la gloire. On dirait qu'il va combattre des rois confédérés avec sa seule maison, comme un autre Abraham [1] ; que ceux qui le suivent sont ses soldats et ses domestiques, et qu'il est général et père de famille tout ensemble. Aussi rien ne peut soutenir leurs efforts : ils ne trouvent point d'obstacles qu'ils ne surmontent ; point de difficultés qu'ils ne vainquent ; point de péril qui les épouvante ; point de travail qui les rebute ; point d'entreprise qui les étonne ; point de conquête qui leur paraisse difficile. Que pouvaient-ils refuser à un capitaine qui renonçait à ses commodités pour les faire vivre dans l'abondance ; qui, pour leur procurer du repos, perdait le sien propre ; qui soulageait leurs fatigues, et ne s'en épargnait aucune ; qui prodiguait son sang, et ne ménageait que le leur ?

1. *Gen.* 14.

Par quelle invisible chaîne entraînait-il ainsi les volontés? Par cette bonté avec laquelle il encourageait les uns, il excusait les autres, et donnait à tous les moyens de s'avancer, de vaincre leur malheur ou de réparer leurs fautes; par ce désintéressement qui le portait à préférer ce qui était plus utile à l'Etat à ce qui pouvait être plus glorieux pour lui-même; par cette justice qui, dans la distribution des emplois, ne lui permettait pas de suivre son inclination au préjudice du mérite; par cette noblesse de cœur et de sentiments qui l'élevait au-dessus de sa propre grandeur, et par tant d'autres qualités qui lui attiraient l'estime et le respect de tout le monde. Que j'entrerais volontiers dans les motifs et dans les circonstances de ses actions! Que j'aimerais à vous montrer une conduite si régulière et si uniforme, un mérite si éclatant et si exempt de faste et d'ostentation; de grandes vertus produites par des principes encore plus grands; une droiture universelle qui le portait à s'appliquer à tous ses devoirs, et à les réduire tous à leurs fins justes et naturelles, et une heureuse habitude d'être vertueux, non pas pour l'honneur, mais pour la justice qu'il y a de l'être. Mais il ne m'appartient pas de pénétrer jusqu'au fond de ce cœur magnanime; et il était réservé à une bouche plus éloquente que la mienne ¹ d'en exprimer tous les mouvements et toutes les inclinations intérieures.

Pour récompenser tant de vertus par quelque honneur extraordinaire, il fallait trouver un grand roi qui crût ignorer quelque chose, et qui fût capable de l'avouer. Loin d'ici ces flatteuses maximes, que les rois naissent habiles, et que les autres le deviennent; que leurs âmes privilégiées sortent des mains de Dieu, qui les crée, toutes sages et intelligentes; qu'il n'y a point pour eux d'essais ni d'apprentissage; qu'ils sont vertueux sans travail et prudents sans expérience. Nous vivons sous un prince qui, tout grand et tout éclairé qu'il est, a bien voulu s'instruire pour commander; qui, dans la route de la gloire, a su choisir un guide

---

1. Mascaron, alors évêque de Tulle.

fidèle, et a cru qu'il était de sa sagesse de se servir de celle d'autrui. Quel honneur pour un sujet d'accompagner son roi, de lui servir de conseil, et, si j'ose le dire, d'exemple, dans une importante conquête! Honneur d'autant plus grand, que la faveur n'y put avoir part; qu'il ne fut fondé que sur un mérite universellement connu, et qu'il fut suivi de la prise des villes les plus considérables de la Flandre [1].

Après cette glorieuse marque d'estime et de confiance, quels projets d'établissement et de fortune n'aurait pas faits un homme avare et ambitieux! Qu'il eût amassé de biens et d'honneurs, et qu'il eût vendu chèrement tant de travaux et de services! Mais cet homme sage et désintéressé, content des témoignages de sa conscience, et riche de sa modération, trouve dans le plaisir qu'il y a de bien faire la récompense d'avoir bien fait. Quoiqu'il puisse tout obtenir, il ne demande et ne prétend rien; il ne désire, à l'exemple de Salomon [2], qu'un état frugal et honnête entre la pauvreté et les richesses; et, quelques offres qu'on lui fasse, il n'étend ses désirs qu'à proportion de ses besoins, et se resserre dans les bornes étroites du seul nécessaire. Il n'y eut qu'une ambition qui fut capable de le toucher, ce fut de mériter l'estime et la bienveillance de son maître. Cette ambition fut satisfaite, et notre siècle a vu un sujet aimer son roi pour ses grandes qualités, non pour sa dignité ni pour sa fortune; et un roi aimer son sujet plus pour le mérite qu'il connaissait en lui que pour les services qu'il en recevait.

Cet honneur, messieurs, ne diminua point sa modestie. A ce mot, je ne sais quel remords m'arrête. Je crains de publier ici des louanges qu'il a si souvent rejetées, et d'offenser après sa mort une vertu qu'il a tant aimée pendant sa vie. Mais accomplissons la justice, et louons-le sans crainte, en un temps où nous ne pouvons être suspects de flatteries, ni lui être sus-

1. Charleroi, Douai, Tournay, Ath, Lille, etc.
2. *Prov.* c. 30.

ceptible de vanité. Qui fit jamais de si grandes choses ? qui les dit avec plus de retenue ? Remportait-il quelque avantage, à l'entendre, ce n'était pas qu'il fût habile, mais l'ennemi s'était trompé. Rendait-il compte d'une bataille, il n'oubliait rien, sinon que c'était lui qui l'avait gagnée. Racontait-il quelques-unes de ces actions qui l'avaient rendu si célèbre, on eût dit qu'il n'avait été que le spectateur, et l'on doutait si c'était lui ou la renommée qui se trompait. Revenait-il de ces glorieuses campagnes qui rendront son nom immortel, il fuyait les acclamations populaires, il rougissait de ses victoires, il venait recevoir des éloges comme on vient faire des apologies, et n'osait presque aborder le roi, parce qu'il était obligé par respect de souffrir patiemment les louanges dont Sa Majesté ne manquait jamais de l'honorer.

C'est alors que, dans le doux repos d'une condition privée, ce prince se dépouillant de toute la gloire qu'il avait acquise pendant la guerre, et se renfermant dans une société peu nombreuse de quelques amis choisis, il s'exerçait sans bruit aux vertus civiles, sincère dans ses discours, simple dans ses actions, fidèle dans ses amitiés, exact dans ses devoirs, réglé dans ses désirs, grand même dans les moindres choses. Il se cache, mais sa réputation le découvre ; il marche sans suite et sans équipage, mais chacun dans son esprit le met sur un char de triomphe. On compte, en le voyant, les ennemis qu'il a vaincus, non pas les serviteurs qui le suivent ; tout seul qu'il est, on se figure autour de lui ses vertus et ses victoires qui l'accompagnent : il y a je ne sais quoi de noble dans cet honnête simplicité ; et moins il est superbe, plus il devient vénérable.

Il aurait manqué quelque chose à sa gloire, si, trouvant partout tant d'admirateurs, il n'eût fait quelques envieux. Telle est l'injustice des hommes : la gloire la plus pure et la mieux acquise les blesse ; tout ce qui s'élève au-dessus d'eux leur devient odieux et insupportable ; et la fortune la plus approuvée et la plus modeste n'a pu se sauver de cette lâche et maligne passion. C'est la destinée des grands hommes d'en être attaqués, et c'est le privilége de M. de Turenne d'avoir pu la vaincre. L'envie fut étouffée, ou par le mépris qu'il en fit, ou par des accroissements perpétuels d'honneur et de gloire : le mérite l'avait fait naître, le mérite la fit mourir. Ceux qui lui étaient moins favorables ont reconnu combien il était nécessaire à l'Etat : ceux qui ne pouvaient souffrir son élévation se crurent enfin obligés d'y consentir, et n'osant s'affliger de la prospérité d'un homme qui ne leur aurait jamais donné la misérable consolation de se réjouir de quelqu'une de ses fautes, ils joignirent leur voix à la voix publique, et crurent qu'être son ennemi, c'était l'être de toute la France.

Mais à quoi auraient abouti tant de qualités héroïques, si Dieu n'eût fait éclater sur lui la puissance de sa grâce, et si celui dont sa providence s'était si noblement servie eût été l'objet éternel de sa justice? Dieu seul pouvait dissiper ses ténèbres, et il tenait en sa puissance l'heureux moment qu'il avait marqué pour l'éclairer de ses vérités.

Il arriva, ce moment heureux, ce point où se rapportait toute sa véritable gloire; il entrevit des piéges et des précipices que sa prévention lui avait jusqu'alors entièrement cachés. Il commença à marcher avec précaution et avec crainte dans ces routes égarées où il se trouvait engagé. Certains rayons de grâces et de lumières lui firent apercevoir qu'en vain remplirait-il les plus beaux endroits de l'histoire, si son nom n'était écrit dans le livre de vie; qu'en vain gagnerait-il le monde entier, s'il perdait son âme; qu'il n'y avait qu'une foi et un Jésus-Christ, et une vérité simple et indivisible, qui ne se montre qu'à ceux qui la cherchent avec un cœur humble et une volonté désintéressée. Il n'était pas encore éclairé; mais il commençait d'être docile. Combien de fois consulta-t-il des amis savants et fidèles? Combien de fois, soupirant après ces lumières vives et efficaces, qui seules triomphent des erreurs de l'esprit humain, dit-il à Jésus-Christ, comme cet aveugle de l'évangile : « Seigneur, faites que je voie[1]?» Combien de fois essaya-t-il, d'une main impuissante, d'arracher le bandeau fatal qui fermait ses yeux à la vérité? Combien de fois remonta-t-il jusqu'à ces sources anciennes et pures que Jésus-Christ a laissées à son Eglise pour y puiser avec joie les eaux d'une doctrine salutaire ?

Habitude, prétextes, engagement, honte de changer, plaisir d'être regardé comme le chef et le protecteur d'Israël, vaines et spécieuses raisons de la chair et du sang, vous ne pûtes le retenir. Dieu rompit tous ses liens, et, le mettant dans la liberté de ses enfants, le fit passer de la région des ténèbres au royaume de son Fils bien-aimé, à qui il appartenait par son élection éternelle. Ici, un nouvel ordre de choses se présente à moi. Je vois de plus grandes actions, de plus nobles motifs, une protection de Dieu plus visible. Je parle désormais d'une sagesse que la véritable piété accompagne, et d'un courage que l'esprit de Dieu fortifie. Renouvelez donc votre attention en cette dernière partie de mon discours, et suppléez dans vos pensées à ce qui manquera à mes expressions et à mes paroles.

TROISIÈME PARTIE.

Si M. de Turenne n'avait su que combattre et vaincre; s'il ne s'était élevé au-dessus des vertus humaines; si sa valeur et sa prudence n'avaient été animées d'un esprit de foi et de charité, je le mettrais au rang des Scipion et des Fabius, je laisserais à la vanité le soin d'honorer la vanité, et je ne viendrais pas dans un lieu saint faire l'éloge d'un homme profane. S'il avait fini ses jours dans l'aveuglement et dans l'erreur, je louerais en vain des vertus que Dieu n'aurait pas couronnées : je répandrais des larmes inutiles sur son tombeau; et si je parlais de sa gloire, ce ne serait que

1. Marc. c. 10.

pour déplorer son malheur. Mais, grâce à Jésus-Christ, je parle d'un chrétien éclairé des lumières de la foi, agissant par les principes d'une religion pure, et consacrant par une sincère piété tout ce qui peut flatter l'ambition ou l'orgueil des hommes. Ainsi les louanges que je lui donne retournent à Dieu, qui en est la source ; et, comme c'est la vérité qui l'a sanctifié, c'est aussi la vérité qui le loue.

Que sa conversion fut entière, messieurs! et qu'il fut différent de ceux qui, sortant de l'hérésie par des vues intéressées, changent de sentiments sans changer de mœurs; n'entrent dans le sein de l'Eglise que pour la blesser de plus près par une vie scandaleuse, et ne cessent d'être ennemis déclarés qu'en devenant enfants rebelles! Quoique son cœur se fût sauvé des déréglements que causent d'ordinaire les passions, il prit encore plus de soin de le régler; il crut que l'innocence de la vie devait répondre à la pureté de sa créance. Il connut la vérité, il l'aima, il la suivit. Avec quel humble respect assistait-il aux sacrés mystères! Avec quelle docilité écoutait-il les instructions salutaires des prédicateurs évangéliques! Avec quelle soumission adorait-il les œuvres de Dieu, que l'esprit humain ne peut comprendre! Vrai adorateur en esprit et en vérité, cherchant le Seigneur, selon le conseil du sage [1], dans la simplicité du cœur, ennemi irréconciliable de l'impiété, éloigné de toute superstition, et incapable d'hypocrisie.

A peine a-t-il embrassé la sainte doctrine, qu'il en devient le défenseur : aussitôt qu'il est revêtu des armes de lumière, il combat les œuvres de ténèbres ; il regarde en tremblant l'abîme d'où il est sorti, et il tend la main à ceux qu'il y a laissés. On dirait qu'il est chargé de ramener dans le sein de l'Eglise tous ceux que le schisme en a séparés : il les invite par ses conseils, il les attire par ses bienfaits, il les presse par ses raisons, il les convainc par ses expériences ; il leur fait voir les écueils où la raison humaine fait tant

1. *Sap.* 1.

de naufrages, et leur montre derrière lui, selon les
termes de saint Augustin, le pont de la miséricorde
de Dieu, par où il vient de passer lui-même. Tantôt il
allume le zèle des docteurs, et les exhorte d'opposer
au faste du mensonge la force de la vérité; tantôt il
leur découvre ces voies douces et insinuantes qui ga-
gnent le cœur pour gagner l'esprit; tantôt il fournit,
selon son pouvoir, les fonds nécessaires pour assister
ceux qui abandonnent tout pour suivre Jésus-Christ
qui les appelle. Vous le savez, évêques confidents de
son zèle, tout occupé qu'il est dans le cours de ses
dernières actions de guerre, il concerte avec vous des
entreprises de religion, et n'oublie rien de ce qui peut
contribuer ou à instruire ceux qu'une longue prévention
aveugle, ou à gagner ceux que la cupidité et l'intérêt
retiennent encore dans leurs erreurs; digne fils de
cette Église dont la charité s'étend à tout, à l'imita-
tion de celle de Dieu, et qui procure à ses enfants,
outre l'héritage éternel, le soulagement même de leurs
nécessités temporelles.

Telle était la disposition de son âme, messieurs,
lorsque la providence de Dieu permit que le roi, juste-
ment irrité, allât porter la guerre au milieu des Etats
d'une république injuste et ingrate, et fît sentir la force
de ses armes à ceux qui méprisaient ses bienfaits
et qui voulaient s'opposer à sa gloire. Ce fut alors que
notre héros reprit les armes, et qu'à la suite de son
maître, et à la tête de ses armées, il exposa son sang
dans une guerre non-seulement heureuse, mais sainte,
où la victoire avait peine à suivre la rapidité du vainqueur, et où Dieu triomphait avec le prince. Quelle
était sa joie, lorsque, après avoir forcé des villes [1], il
voyait son illustre neveu, plus éclatant par ses vertus
que par sa pourpre, ouvrir et réconcilier des églises!
Sous les ordres d'un roi aussi pieux que puissant, l'un
faisait prospérer les armes, l'autre étendait la religion;
l'un abattait des remparts, l'autre redressait des autels; l'un ravageait les terres des Philistins, l'autre

1. Arnhem, Nimègue, les forts de Burick, Skein, etc.

portait l'arche autour des pavillons d'Israël : puis, unissant ensemble leurs vœux, comme leurs cœurs étaient unis, le neveu avait part aux services que l'oncle rendait à l'Etat, et l'oncle avait part à ceux que le neveu rendait à l'Eglise.

Suivons ce prince dans ses dernières campagnes, et regardons tant d'entreprises difficiles, tant de succès glorieux, comme des preuves de son courage et des récompenses de sa piété. Commencer ses journées par la prière, réprimer l'impiété et les blasphèmes, protéger les personnes et les choses saintes contre l'insolence et l'avarice des soldats, invoquer dans tous les dangers le Dieu des armées, c'est le devoir et le soin ordinaire de tous les capitaines. Pour lui, il passe plus avant. Lors même qu'il commande aux troupes, il se regarde comme un simple soldat de Jésus-Christ; il sanctifie les guerres par la pureté de ses intentions, par le désir d'une heureuse paix, par les lois d'une discipline chrétienne; il considère ses soldats comme ses frères, et se croit obligé d'exercer la charité dans une profession cruelle où l'on perd souvent l'humanité même. Animé par de si grands motifs, il se surpasse lui-même, et fait voir que le courage devient plus ferme quand il est soutenu par des principes de religion; qu'il y a une pieuse magnanimité qui attire les bons succès, malgré les périls et les obstacles, et qu'un guerrier est invincible quand il combat avec foi, et quand il prête des mains pures au Dieu des batailles qui le conduit.

Comme il tient de Dieu toute sa gloire, aussi la lui rapporte-t-il tout entière, et ne conçoit autre confiance que celle qui est fondée sur le nom du Seigneur. Que ne puis-je vous représenter ici une de ces importantes occasions [1] où il attaque avec peu de troupes toutes les forces de l'Allemagne ! Il marche trois jours, passe trois rivières, joint les ennemis, les combat et les charge. Le nombre d'un côté, la valeur de l'autre, la fortune est longtemps douteuse. Enfin le courage arrête la multitude; l'ennemi s'ébranle et commence à plier. Il

1. Combat d'Entzheim.

s'élève une voix qui crie : Victoire! Alors ce général suspend toute l'émotion que donne l'ardeur du combat, et d'un ton sévère : « Arrêtez, dit-il, notre sort n'est pas en nos mains, et nous serons nous-mêmes vaincus, si le Seigneur ne nous favorise. » A ces mots, il lève les yeux au ciel d'où lui vient son secours, et continuant à donner ses ordres, il attend avec soumission, entre l'espérance et la crainte, que les ordres du ciel s'exécutent.

Qu'il est difficile, messieurs, d'être victorieux et d'être humble tout ensemble! Les prospérités militaires laissent dans l'âme je ne sais quel plaisir touchant, qui la remplit et l'occupe tout entière. On s'attribue une supériorité de puissance et de force; on se couronne de ses propres mains; on se dresse un triomphe secret à soi-même ; on regarde comme son propre bien ces lauriers qu'on cueille avec peine, et qu'on arrose souvent de son sang; et lors même qu'on rend à Dieu de solennelles actions de grâces, et qu'on pend aux voûtes sacrées de ses temples des drapeaux déchirés et sanglants qu'on a pris sur les ennemis, qu'il est dangereux que la vanité n'étouffe une partie de la reconnaissance, qu'on ne mêle aux vœux qu'on rend au Seigneur des applaudissements qu'on croit se devoir à soi-même, et qu'on ne retienne au moins quelques grains de cet encens qu'on va brûler sur ses autels!

C'était en ces occasions que M. de Turenne, se dépouillant de lui-même, renvoyait toute la gloire à celui à qui seul elle appartient légitimement. S'il marche, il reconnaît que c'est Dieu qui le conduit et qui le guide ; s'il défend des places, il sait qu'on les défend en vain, si Dieu ne les garde ; s'il se retranche, il lui semble que c'est Dieu qui lui fait un rempart pour le mettre à couvert de toute insulte ; s'il combat, il sait d'où il tire toute sa force ; et s'il triomphe, il croit voir dans le ciel une main invisible qui le couronne. Rapportant ainsi toutes les grâces qu'il reçoit à leur origine, il en attire de nouvelles. Il ne compte plus les ennemis qui l'environnent ; et, sans s'étonner de leur nombre ou de leur puissance, il dit avec le prophète [1] : « Ceux-là se fient au nombre de leurs combattants et de leurs chariots; pour nous, nous nous reposons sur la protection du Tout-Puissant. » Dans cette fidèle et juste confiance, il redouble son ardeur, forme de grands desseins, exécute de grandes choses, et commence une campagne qui semblait devoir être si fatale à l'Empire.

Il passe le Rhin et trompe la vigilance d'un général habile et prévoyant; il observe les mouvements des ennemis; il relève le courage des alliés; il ménage la foi suspecte et chancelante des voisins; il ôte aux uns la volonté, aux autres les moyens de nuire; et, profitant de toutes ces conjectures importantes qui préparent les grands et glorieux événements, il ne laisse rien à la fortune de ce que le conseil et la prudence humaine lui peuvent ôter. Déjà frémissait dans son camp l'ennemi confus et déconcerté. Déjà prenait l'essor, pour se sauver dans les montagnes, cet aigle dont le vol hardi avait d'abord effrayé nos provinces. Ces foudres de bronze que l'enfer avait inventés pour la destruction des hommes tonnaient de tous côtés pour favoriser et pour précipiter cette retraite; et la France en suspens attendait le succès d'une entreprise qui, selon toutes les règles de la guerre, était infaillible.

Hélas! nous savions tout ce que nous pouvions espérer, et nous ne pensions pas à ce que nous devions craindre. La Providence divine nous cachait un malheur plus grand que la perte d'une bataille. Il en devait coûter une vie que chacun de nous eût voulu racheter de la sienne propre; et tout ce que nous pouvions gagner ne valait pas ce que nous allions perdre. O Dieu terrible [2], mais juste en vos conseils sur les enfants des hommes, vous disposez et des vainqueurs et des victoires! Pour accomplir vos volontés et faire craindre vos jugements, votre puissance renverse ceux que votre puissance avait élevés. Vous immolez à votre

1. *Ps.* 19.
2. *Ps.* 65.

souveraine grandeur de grandes victimes, et vous frappez quand il vous plaît ces têtes illustres que vous avez tant de fois couronnées.

N'attendez pas, messieurs, que j'ouvre ici une scène tragique; que je représente ce grand homme étendu sur ses propres trophées; que je découvre ce corps pâle et sanglant, auprès duquel fume encore la foudre qui l'a frappé; que je fasse crier son sang comme celui d'Abel, et que j'expose à vos yeux les tristes images de la religion et de la patrie éplorées. Dans les pertes médiocres, on surprend ainsi la pitié des auditeurs; et, par des mouvements étudiés, on tire au moins de leurs yeux quelques larmes vaines et forcées. Mais on décrit sans art une mort qu'on pleure sans feinte. Chacun trouve en soi la source de sa douleur, et rouvre lui-même sa plaie; et le cœur, pour être touché, n'a pas besoin que l'imagination soit émue.

Peu s'en faut que je n'interrompe ici mon discours. Je me trouble, messieurs; Turenne meurt : tout se confond, la fortune chancelle, la victoire se lasse, la paix s'éloigne, les bonnes intentions des alliés se ralentissent, le courage des troupes est abattu par la douleur et ranimé par la vengeance; tout le camp demeure immobile. Les blessés pensent à la perte qu'ils ont faite, et non pas aux blessures qu'ils ont reçues. Les pères mourants envoient leurs fils pleurer sur leur général mort. L'armée en deuil est occupée à lui rendre les devoirs funèbres; et la renommée, qui se plaît à répandre dans l'univers les accidents extraordinaires, va remplir toute l'Europe du récit glorieux de la vie de ce prince, et du triste regret de sa mort.

Que de soupirs alors! que de plaintes! que de louanges retentissent dans les villes, dans la campagne! L'un, voyant croître ses moissons, bénit la mémoire de celui à qui il doit l'espérance de sa récolte; l'autre, qui jouit encore en repos de l'héritage qu'il a reçu de ses pères, souhaite une éternelle paix à celui qui l'a sauvé des désordres et des cruautés de la guerre. Ici on offre le sacrifice adorable de Jésus-Christ pour l'âme de celui qui a sacrifié sa vie et son sang pour le bien

public : là on lui dresse une pompe funèbre, où l'on
s'attendait de lui dresser un triomphe. Chacun choisit
l'endroit qui lui paraît le plus éclatant dans une si
belle vie. Tous entreprennent son éloge ; et chacun,
s'interrompant lui-même par ses soupirs et par ses
larmes, admire le passé, regrette le présent, et trem-
ble pour l'avenir. Ainsi tout le royaume pleure la mort
de son défenseur ; et la perte d'un homme seul est une
calamité publique.

Pourquoi, mon Dieu, si j'ose répandre mon âme en
votre présence et parler à vous, moi, qui ne suis que
poussière et que cendre, pourquoi le perdons-nous
dans la nécessité la plus pressante, au milieu de ses
grands exploits, au plus haut point de sa valeur, dans
la maturité de sa sagesse ? Est-ce qu'après tant d'actions dignes de l'immortalité il n'avait plus rien de mortel à faire ? Ce temps était-il arrivé où il devait recueillir
le fruit de tant de vertus chrétiennes, et recevoir de
vous la couronne de justice que vous gardez à ceux qui
ont fourni une glorieuse carrière ? Peut-être avions-
nous mis en lui trop de confiance, et vous nous dé-
fendez dans vos Ecritures ¹ de nous faire un bras de
chair, et de nous confier aux enfants des hommes. Peut-
être est-ce une punition de notre orgueil, de notre
ambition, de nos injustices. Comme il s'élève du fond
des vallées des vapeurs grossières dont se forme la
foudre qui tombe sur les montagnes, il sort du cœur
des peuples des iniquités dont vous déchargez les châ-
timents sur la tête de ceux qui les gouvernent ou qui
les défendent. Je ne viens pas, Seigneur, sonder les
abîmes de vos jugements, ni découvrir ces ressorts
secrets et invisibles qui font agir votre miséricorde ou
votre justice : je ne veux et ne dois que les adorer.
Mais vous êtes juste : vous nous affligez ; et dans un
siècle aussi corrompu que le nôtre, nous ne devons
chercher ailleurs que dans le déréglement de nos
mœurs toutes les causes de nos misères.

1. *Paral.*, l. 2. c. 32.

Tirons donc, messieurs, tirons de notre douleur des motifs de pénitence, et ne cherchons qu'en la piété de ce grand homme de vraies et solides consolations. Citoyens, étrangers, ennemis, peuples, rois, empereurs, le plaignent et le révèrent; mais que peuvent-ils contribuer à son véritable bonheur? Son roi même, et quel roi! l'honore de ses regrets et de ses larmes : grande et précieuse marque de tendresse et d'estime pour un sujet, mais inutile pour un chrétien. Il vivra, je l'avoue, dans l'esprit et dans la mémoire des hommes [1] : mais l'Écriture m'apprend que ce que l'homme pense [2], et l'homme lui-même, n'est que vanité. Un magnifique tombeau renfermera ses tristes dépouilles; mais il sortira de ce superbe monument, non pour être loué de ses exploits héroïques, mais pour être jugé selon ses bonnes ou mauvaises œuvres. Ses cendres seront mêlées avec celles de tant de rois qui gouvernèrent ce royaume, qu'il a si généreusement défendu; mais, après tout, que leur reste-t-il, à ces rois non plus qu'à lui, des applaudissements du monde, de la foule de leur cour, de l'éclat et de la pompe de leur fortune, qu'un silence éternel, une solitude affreuse, et une terrible attente des jugements de Dieu, sous ces marbres précieux qui les couvrent? Que le monde honore donc comme il voudra les grandeurs humaines, Dieu seul est la récompense des vertus chrétiennes.

O mort trop soudaine, mais pourtant par la miséricorde du Seigneur depuis longtemps prévue, combien de paroles édifiantes, combien de saints exemples nous as-tu ravis! Nous eussions vu, quel spectacle! au milieu des victoires et des triomphes, mourir humblement un chrétien. Avec quelle attention eût-il employé ses derniers moments à pleurer intérieurement ses erreurs passées, à s'anéantir devant la majesté de Dieu, et à implorer le secours de son bras, non plus

1. *Ps.* 93.
2. *Ps.* 38.

contre des ennemis visibles, mais contre ceux de son salut! Sa foi vive et sa charité fervente nous auraient sans doute touchés, et il nous resterait un modèle d'une confiance sans présomption, d'une crainte sans faiblesse, d'une pénitence sans artifice, d'une constance sans affectation, et d'une mort précieuse devant Dieu et devant les hommes.

Ces conjectures ne sont-elles pas justes, messieurs? Que dis-je, conjectures! C'étaient des desseins formés. Il avait résolu de vivre aussi saintement que je présume qu'il fût mort. Prêt à jeter toutes ses couronnes au pied du trône de Jésus-Christ, comme ces vainqueurs de l'Apocalypse; prêt à ramasser toute sa gloire, pour s'en dépouiller par une retraite volontaire, il n'était déjà plus du monde, quoique la Providence l'y retînt encore. Dans le tumulte des armées, il s'entretenait des douces et secrètes espérances de sa solitude. D'une main il foudroyait les Amalécites, et il levait déjà l'autre pour attirer sur lui les bénédictions célestes. Ce Josué, dans le combat, faisait déjà la fonction de Moïse sur la montagne, et, sous les armes d'un guerrier, portait le cœur et la volonté d'un pénitent.

Seigneur, qui éclairez les plus sombres replis de nos consciences, et qui voyez dans nos plus secrètes intentions ce qui n'est pas encore, comme ce qui est, recevez dans le sein de votre gloire cette âme qui bientôt n'eût été occupée que des pensées de votre éternité. Recevez ces désirs que vous lui aviez vous-même inspirés. Le temps lui a manqué et non pas le courage de les accomplir. Si vous demandez des œuvres avec ses désirs, voilà des charités qu'il a faites ou destinées pour le soulagement et pour le salut de ses frères; voilà des âmes égarées qu'il a ramenées à vous par ses assistances, par ses conseils, par son exemple; voilà ce sang de votre peuple, qu'il a tant de fois épargné; voilà ce sang qu'il a si généreusement répandu pour nous; et, pour dire encore plus, voilà le sang que Jésus-Christ a versé pour lui.

Ministres du Seigneur, achevez le saint sacrifice. Chrétiens, redoublez vos vœux et vos prières, afin que

Dieu, pour récompense de ses travaux, l'admette dans le séjour du repos éternel, et donne dans le ciel une paix sans fin à celui qui nous en a trois fois procuré une sur la terre, passagère à la vérité, mais toujours douce et toujours désirable.

FIN.